卵、乳製品、白砂糖なし。

塩麹&甘酒で作る、麹のおいしいスイーツレシピ

小紺有花

河出書房新社

はじめに

夢の麹スイーツ

家族の健康のために独学で勉強を始めた穀物菜食。その中でも特に興味を持ったのが「卵、乳製品、白砂糖」を使わない、体にやさしいスイーツの世界でした。

卵を泡立てたり、バターを練ったりする手間がなく、短い時間で簡単にパパッと作れてしまう手軽さが気に入り、すっかり夢中になっていつしかオリジナルレシピを次々とあみ出すようになっていました。

しかし、卵や乳製品などの風味原料をいっさい使わないスイーツはどこか淡白で粉っぽく、物足りないと感じる人が多くいることに気がつきました。

せっかくの体にやさしいスイーツも、満足できないのではもったいない。どうすれば誰にでも喜ばれる、心も体も満たされるスイーツが作れるだろうか？

そんな試行錯誤を繰り返すうちに出会ったのが「麹」でした。

「甘酒」を練り込んでクッキーを作ってみたときに、その不思議な風味にとても魅力を感じました。ちょっとチーズを思わせるようなコク。粉のうまみがぐっと引き立った香ばしさ。それは、とても植物性素材のみとは思えない豊かな味でした。

「塩麹」を豆乳と混ぜたときのクリーミーな味わいにも驚きました。これをうまく利用すれば絶対にスイーツの格が上がるとすぐにピンときました。

いろいろ調べるうちにこれらは「甘酒」や「塩麹」に含まれるアミノ酸やブドウ糖などのうまみのもとが醸し出している味なのだと気づいたのです。

「麹」の生み出す数々の発酵成分が、今までの植物性スイーツに足りなかった風味を補い、ふくよかな味を生み出してくれるのです。さらに、それによって栄養も強化されて一石二鳥！　麹スイーツこそ、思い描いた理想のスイーツだと確信しました。

未来に麹を繋ぐために

私が住む金沢は、伝統食の「かぶら寿司」や「大根寿司」に代表される麹漬けを作る習慣が、今も家庭に根強く残る街です。自宅からほど近くにあり、いつもお世話になっている髙木糀商店は創業以来180年、その伝統的な店舗家屋を維持し続け、金沢の麹食文化をまるごと現している貴重な存

金沢市　髙木糀商店

高木糀商店の白糀(生米麹)

在です。私はいつも高木糀商店へおじゃまするたびに「この伝統をきちんと未来へ繋いでゆかなければならない」との思いを強くします。

近年の食生活の欧米化に、家庭の食卓から麹の発酵食は遠ざかる一方ですが、古来より日本の食文化を根幹から支えてきた大切な麹の伝統を、何としてでも次世代へ伝えてゆかなければなりません。そのためには現代の感覚にマッチする新しい麹食文化を創造する必要があると感じています。伝統とは常に時代の流れに合わせて変化させながら遺してゆくものだと思うのです。

麹スイーツはそんな新しい麹のいかし方のひとつの提案でもあります。

麹スイーツの魅力

私の麹スイーツを食べてくれた人は皆、満面の笑みを浮かべ「おいしい!」と喜んでくれます。そのあまりに幸せそうな様子を見て「どうしてそんなに喜ぶのだろう?」と不思議になるほどです。また、その味わいに新鮮な驚きを抱くとともに、どこか懐かしさを覚えて、ホッと和んでくれるのです。

日本人が麹と出会って2000年あまり。その長い歴史の中で積み重ねた味の記憶は、きっとDNAに組み込まれているに違いありません。食生活の変化でどんなに麹が食卓から遠ざかっても、ひとたび口にすれば、おいしい味の記憶がたちまちよみがえるのでしょう。

そして麹がもたらす「体にいい」成分が、す〜っと体に染み渡って心地よくなるのです。

それは理屈では説明しきれない、麹の偉大なるパワーではないでしょうか。

食べるほどに心も体も元気になる麹スイーツ。麹のぬくもりに包まれるような温かさが食べる人を笑顔にしてくれます。

この恵みがひとりでも多くの方のもとに届いて、幸せの輪（和）が大きく花開きますように。

小紺有花

Contents

植物性素材だけで作る「麹スイーツ」は、麹の恵みがぎゅっと詰まった、体をいたわる優しいものばかりです。
古きよき麹を現代にいかす、どこか懐かしくて新しいその味を
たくさんの方々に知っていただきたくて、
試行錯誤を繰り返し生み出した数々のレシピの中からよりすぐりのものをご紹介します。

ケーキ&焼き菓子

冷たいお菓子

和菓子

パン

ドリンク＆アイス

麹スイーツはできたてよりも、しばらくおいて
味をなじませたほうがおいしくなります。
特に、焼き菓子は翌日から2日めくらいから
グッと風味が増してきます。
日ごとに変化する味を楽しんでください。

〈保存期間のめやす〉

＊クッキー……密閉容器で湿気を防ぎ、約3週間
＊ケーキ類……冷蔵で3～4日
＊冷たいお菓子……冷蔵で3～4日
＊ドリンク類……冷蔵で1～2日
＊ソース、あんこ類……冷蔵で3～4日、
　冷凍で約3週間
＊アイス……冷凍で約3週間
＊パン……冷凍で約3週間

●1カップ＝200cc、大さじ1＝15cc、小さじ1=5ccです。素材により、量りやすい分量で表記しています。
●本書では家庭用電気オーブンを使用したときの温度を表記していますが、機種により焼き具合に違いがあるため、様子をみながら、温度や時間を調整してください。家庭用ガスオーブンを使う場合は、表記の温度から10℃ほど下げてください。
●甘酒を作るときは保温温度の55～60℃を一定に保てるならどんな方法、器具でも構いませんが、本書では一番手軽な炊飯器を使用しています。炊飯器は機種によって保温温度が高くなる場合があるので、ご注意ください(経験的に63℃くらいまでは失敗しない許容範囲です)。
●お菓子に使う甘酒は、おかゆ状のピューレタイプをご使用ください。液体タイプはドリンクにのみ使えます(その際は組み合わせる水や豆乳の量はお好みで減らしてください)。
●すべてのレシピで使用する塩麹、甘酒はP8～11で作るものに基づいて分量表記しています。市販のものを使用する場合、多少味や仕上がりに差が出ることがあります。

麹のスイーツを作る基本の材料

卵、乳製品、白砂糖を使わずに、おいしいスイーツやパンを作るための基本の材料を紹介します。

［米麹］

本書で使用する麹はすべて米麹です。米麹は蒸した米に麹菌を繁殖させたもの。
お店によって使用する米の品種や麹菌の種類が違い、発酵食にしたときの味に差が出ます。
生タイプと乾燥タイプがあり、どちらも同じ使い方ができるので、手に入りやすいものを使いましょう。

1. 生麹

でき上がってそのままの状態。しっとりしており、ほぐして使います。

2. 乾燥麹

生麹を乾燥させて長期保存がきくようにしたもの。板状のものはほぐして使います。

［塩・砂糖］

本書で使用する
おすすめの塩と砂糖です。

3. 天日塩

海水を太陽と風の力で蒸発させて作る粗塩の一種。にがりやミネラル分を含みまろやかな味わいです。その他の粗塩でも代用可能です。

4. てん菜糖

別名「砂糖大根」と呼ばれる「てん菜」が原料。サトウキビ原料の砂糖よりも体を冷やす作用が少なく、ビフィズス菌の餌になるオリゴ糖を含みます。茶色いものを選びましょう。

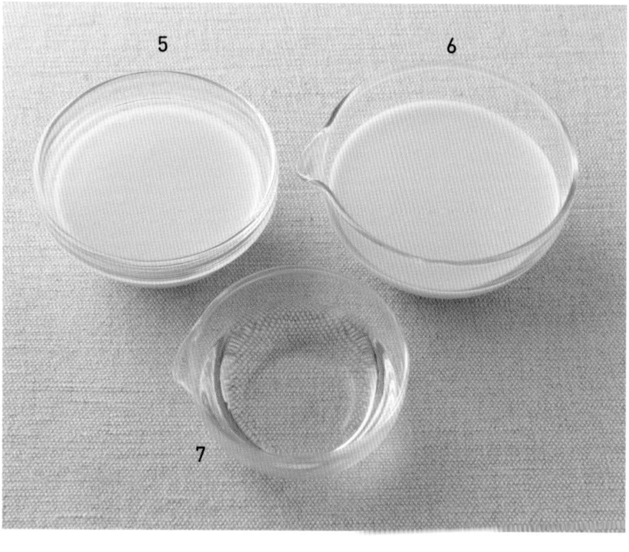

［その他］

卵、乳製品の代わりに
お菓子に風味を添える材料です。

5. ココナッツミルク

甘酒と相性がよく、麹スイーツに華やかな風味を添えてくれます。漂白剤の入っていないものを選びましょう。

6. 豆乳

乳製品よりヘルシーな代用品として使います。甘酒との相性も抜群。成分無調整のものを選びましょう。豆腐が作れるタイプのものは青くささがあるため、お菓子には向きません。

7. なたね油

昔から食用されてきた植物油。日本人の体質によく合います。バター、マーガリンの代用品として使います。くせが少ないもの、圧搾製法のものを選びましょう。

［粉］　粉は国産のものを選びましょう。

8. 中力粉

薄力粉と強力粉の中間の性質。本書ではおもに中力粉を使っています（薄力粉でも代用可）。国産の「地粉」がおすすめです。

9. 強力粉

グルテンが多く含まれ、粘りのある生地を作るのに向いており、本書ではおもにパンの生地に使います。

10. 全粒粉

小麦を精白しないでふすまと胚芽もいっしょに製粉したもの。精白粉よりも栄養価が高く、食物繊維も豊富。

11. 米粉

米を製粉したもの。用途に応じていろいろな種類があり、粒子の細かさにも大きな差があります。製菓用の粒子の細かいものを選んで。

［イースト・膨張剤］　本書のパンや焼き菓子に使う酵母や膨張剤を紹介します。

12. 天然ドライ酵母

予備発酵のいらない天然のドライイースト。甘酒と混ぜて、パン生地の基本となる天然酵母液を作るときに使います。

13. ベーキングパウダー

ケーキ、焼き菓子などの膨張剤として使います。アルミニウム無添加のものを選びましょう。

市販で手に入る材料

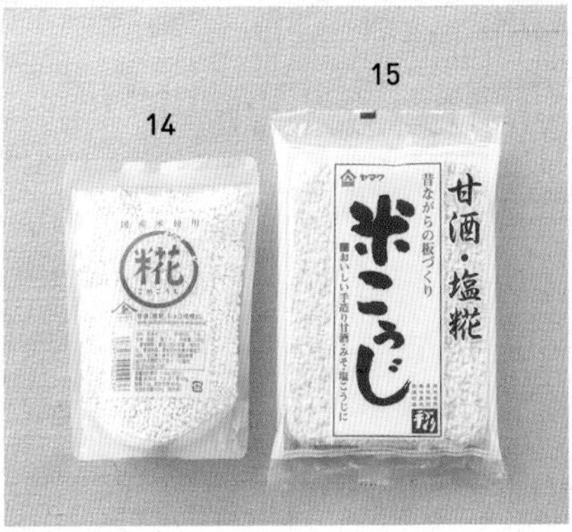

14.「乾燥糀」

米の粒がバラバラになったタイプの乾燥麹。(200g)
［ヤマト醤油味噌］

15.「米こうじ」

板状の乾燥麹で、ほぐして使う。(200g)
［ヤマク食品］

16.「塩糀」

能登の天日塩使用の塩麹。(250g)
［高木糀商店］

17.「甘酒」

本書の麹スイーツ全般に使える、米の食感が残ったおかゆ状の甘酒。
(500g)［高木糀商店］

麹の保存方法

*麹は冷蔵・冷凍保存するよりも、買ったら早めに発酵食品に加工してしまったほうが、よりおいしく長期保存できます。
*冷凍した麹は自然解凍してから使います。

〈生麹の場合〉
*買ってきたら冷蔵庫に保存し、2週間以内に使いきるのが理想。それ以降は麹の力がだんだん衰えてきます。
*冷凍すれば長期保存が可能。一般的には2～3ヶ月もちますが、冷凍臭などがつきやすいため、1ヶ月以内に使いきるのが無難でしょう。
*少し古くなった麹は、クセが強く出やすいので、甘酒の仕込みには向かなくなります。甘酒は麹のよし悪しがはっきり現れるので、すっきりとした甘さに仕上げるためにできるだけ新しい麹を使うのがおすすめ。古くなった麹は塩麹に使いましょう。

〈乾燥麹の場合〉
*乾燥麹は水分をほとんど含んでいないため、未開封の場合は常温での長期保存が可能。開封後は冷蔵または冷凍庫へ。麹の専門店が身近にない場合も乾燥なら入手しやすく、買いおきが可能なので便利です。

塩麹の作り方と特徴

どんな料理でもおいしさが増す魔法の調味料、塩麹。
本書では、スイーツの甘みとうまみを引き立てる材料として使います。
普通の「塩」を使うより、奥深いコクが加わり、スイーツの風味がいちだんと増します。

塩麹

本書では保存瓶ひとつあれば、お手軽に塩麹が作れる方法を紹介します。
生麹と乾燥麹を使う場合では、水分と塩の量に違いがあります。

材料

〈生麹を使う場合〉
（でき上がり約440g）
生麹……200g
天日塩……60g
水…… 200cc

〈乾燥麹を使う場合〉
（でき上がり約500g）
乾燥麹……200g
天日塩……68g
水……260cc

作り方

1. 清潔な保存瓶にほぐした麹〈a〉、天日塩の順に重ね入れて〈b〉、水を注ぎ入れよく混ぜる〈c〉。
2. **1**にふたをして室温に静かにおく。
3. 1～2日に1回、清潔なスプーンなどでよくかき混ぜ（十分なとろみが出てきたら、2～3日に1回混ぜる程度でよい）、10日ほどおく。

a

保存瓶に麹を入れる。

b

その上に天日塩を入れる。

c

水を注ぎ入れ、よく混ぜる。

塩麹を仕込むときのポイント

《生麹を使用する場合》
＊生麹：塩：水＝10：3：10の重量比。

《乾燥麹を使用する場合》
＊乾燥麹は生麹と比べて水分を多く吸うので、水を多めに入れること（それに伴い、塩分濃度も変化するので、本書レシピでは生麹を使う場合とほぼ同じ塩加減になるように、水と塩の量を調整済みです）。
＊乾燥麹で仕込んだ塩麹は、生麹の場合よりも仕上がりの色が濃く（ベージュ色に）なります。

塩麹の理想の発酵プロセス

1. 仕込んだ翌日。よく混ぜる。

2. 1週間め。水が上がってきて、お酒のような香りと甘みが少し出てくるが、まだ若い状態。

3. 10日め。塩麹の完成。塩味がまろやかになり、お酒のような香りもさらに出てくる。やや若いが、料理やスイーツに使える状態。

4. 3週間め。発酵が進み、酵母発酵が始まりブクブクしてくる。固形物が全部上に上がって、うまみも栄養も一番充実する頃。使うときはよくかき混ぜて。

※必ずしも酵母発酵するとは限らない。酵母発酵しなくても熟成は進んでいる。

塩麹の発酵の失敗例

表面に灰色や青やピンクのカビが出たら、雑菌が繁殖した可能性大。処分した方が無難です。白いものは「産膜酵母」。無害なので表面の白い部分を削り取って冷蔵保存して使えますが、産膜酵母の上にも雑菌繁殖の可能性はあるので、判別しづらく心配なときは使用を控えましょう。失敗しないためにも、レシピの分量を守り、清潔な道具を使い、こまめにかき混ぜ、湿気の少ない清潔な場所で保管するようにしましょう。

産膜酵母が生えた例。水が多すぎるか、混ぜ方が足りない。

ピンクのカビが生えた例。水が多すぎるか、混ぜ方が足りない、または混ぜる時に雑菌が混入した可能性が。

塩麹の保存法と使い方あれこれ

⊙保存法

＊塩麹は年間を通して常温保存できます。2〜3日に1回必ずかき混ぜましょう。頻繁にかき混ぜることができない場合は、冷蔵保存すること（ただし、仕込んでから最初の3週間は必ず常温において十分に熟成させてください）。

＊きちんと管理すれば腐ることはありませんが、味は変化してゆきます。常温保存なら3ヶ月、冷蔵保存なら6ヶ月以内がおいしく使えるめやすです。

⊙使い方

＊魔法の天然うまみ調味料の塩麹は、スイーツはもちろん、塩の代わりに使うといつもの料理がより味わい深くなります。

＊漬け物に：好みの刻み野菜の重量の15〜20%の塩麹をあえるだけ。ひと晩ねかすとさらにおいしくなります。

＊肉や魚の下味に：肉や魚の重量の10〜13%の塩麹をすり込み、1〜2時間冷蔵庫でねかせてから調理すると、肉質がしっとりふっくらに。

＊炒め物に：野菜炒め、チャーハン、焼きそばなど。いつものおかずが洗練された味に。

＊ひと味足りないときに塩麹を加えると簡単に味がまとまります。

甘酒の作り方と特徴

甘酒は本書のスイーツの材料として、お菓子の風味を豊かにするかなめの素材。
組み合わせる他の素材の持ち味が際立ち、味に広がりが生まれます。炊飯器で簡単に作れます。

甘酒

生麹と乾燥麹を使う場合では、水分の量に違いがあります。
発酵には温度管理が重要なポイントです。

材料

〈生麹を使う場合〉
(でき上がり約1.4kg)
ご飯(普通に炊く)……3合分
水……2カップ
生麹……300g

〈乾燥麹を使う場合〉
(でき上がり約1kg)
ご飯(普通に炊く)……2合分
水……350cc
乾燥麹……200g

作り方

1. 炊きたてのご飯に水を加えて〈a〉よく混ぜ合わせ〈b〉、ご飯の温度を63℃に下げる〈c〉。
2. 温度が63℃になったらよくほぐした麹を加え〈d〉、混ぜ合わせる(温度が55～58℃くらいに下がる)。炊飯器のふたを開けたままにしてふきんで覆い、保温ボタンを押す〈e〉。1～2時間してご飯の表面に水分が出てきたら一度混ぜる〈f〉。3～4時間おきに混ぜながら、10～12時間保温する(保温温度が選べる場合は低温に)。米粒がおかゆのようにふやけて十分な甘みが出たらでき上がり〈g〉。
3. 清潔なふたつきの容器に移し、さめてから冷蔵または冷凍保存する。

炊きたてのご飯に水を注ぐ。

よく混ぜる。

温度が63℃になっているか確認する。

よくほぐした麹を入れる。

炊飯器のふたを開けたままふきんを1枚かぶせて、保温ボタンを押す。

1～2時間すると発酵が始まり、水分が出てご飯が汗をかいたようにぬれてくる。一度混ぜる。

とろみが出て完成した状態。

甘酒を仕込むときのポイント

《乾燥麹を使用する場合》
＊水分量は生麹で仕込むときの3割増しに。
＊乾燥麹で仕込んだ甘酒は、生麹の場合よりも仕上がりの色が濃く(ベージュ色に)なります。

《発酵について》
＊甘酒作りの適温は55℃前後。温度計でこまめに温度管理すること(70℃以上になると発酵しなくなるので注意)。また保温温度はなるべく一定に保ちましょう。
＊使う米麹によっては、糖化力が弱く10～12時間では十分に甘くならないことも。その場合は最長19時間まで様子をみながら保温します。それ以上保温すると酸味が出てくる場合もあります(その場合はドリンクやドレッシング、酢のものなどに活用しましょう)。

きんとん甘酒

ご飯の代わりにさつまいもで甘酒を作ると、
まるできんとんのような絶品スイーツができます。

材料(でき上がり約620g)

蒸しさつまいも……500g(皮をむいた正味量)
湯(約70℃)……150cc
生麹……150g
※乾燥麹を使用する場合は湯の量を200ccにする(でき上がり約650g)。

左：炊飯器で仕上げたばかりの状態。右：ペースト状にしたきんとん甘酒。

作り方

1. さつまいもは温かいうちにフォークでつぶして炊飯器の釜に入れ、湯を加えてよく混ぜる。さらに麹を加えて混ぜ合わせ、表面を平らにならす。
2. 釜を炊飯器にセットし、以降はP10「甘酒」の作り方**2**と同じ手順で、途中2〜3時間おきにかき混ぜながら7〜8時間保温する。
3. 甘みが十分に出たら、フードプロセッサーにかけてなめらかなペースト状にする。保存容器に移し、さめたら冷蔵または冷凍保存する。

きんとん甘酒を仕込むときのポイント

*保温時間は「甘酒」より短めにすると、すっきりした甘さに仕上がります。逆に長くなりすぎると麹の風味が強まるので注意して。
*さつまいもはかぼちゃ(同量)に代えてもよい。

甘酒の保存法と使い方あれこれ

⊙保存法

*必ず冷蔵か冷凍で保存し、冷蔵なら2週間をめやすに使いきりましょう。甘酒は生きているので、それ以上保存しても腐るわけではありませんが、少しずつ味わいが変化して酸味が出てくることも。その場合は米酢として使用するとよいでしょう。冷凍すれば長期間できたての風味をキープできますが、冷凍臭がつく場合があるので2ヶ月以内に使いきりましょう。凍ったまま甘酒アイスとしても楽しめます。
*取り出すときに使うスプーンなどは、雑菌が入らないように清潔なものを使うこと。

⊙使い方

*甘酒はスイーツだけでなくおかず作りにも万能。砂糖の代わりに使うといつもの料理がよりおいしく変身！　煮物などにも重宝します。また、次のように合わせ調味料の材料として使用しても◎。
・甘酒+味噌+酢=酢味噌
・甘酒+塩+油+酢=ドレッシング
・甘酒+しょうゆ=甘辛しょうゆだれ(炒めものやあえものなどに)

column

麹をもっと身近に

**でき合いの食べ物ばかりに囲まれていると、
発酵食の本来の素晴らしさに出会う機会がありません。
麹のパワーにふれて、暮らしに彩りを。**

◆麹屋さんでのでき事です

無添加自然発酵の味噌は生きているので、つねに呼吸をしています。
とあるお客さまのもとに届けた袋詰めの味噌が、しばらくするとパンパンにふくれ上がり「交換してください」と言われたことがあるそうです。これは、発生した炭酸ガスが袋に充満しているだけで、発酵食の特性を知る人なら、これを見て「生きてるね～!」と喜びます。
少し袋の口を緩めてガス抜きすればすむことなのに、発酵食の特性を理解していない人にしたら、この現象は異常で、不良品だと判断されてしまったようです。これを聞いてなんだか悲しくなりました。

◆暮らしから遠ざかる発酵

なんでも大量生産される世の中、食品は均一で長期間品質を保持できるものが求められ、そのために保存料添加や加熱殺菌などの様々な加工処理がなされています。そういう命を止められた食物が変化するときは「腐敗」を意味します。
ですので、最近は少しでも食物の状態が変わると「腐っているかも」と心配する人が多いのです。完成品を買ってくるばかりで、発酵食を家庭で仕込むことがめっきり減った世の中、次第に状態が変化する発酵現象が、微生物たちによる「めくるめく命の躍動」であるという発想に結びつかないのは仕方がないことなのかもしれません。

◆麹と暮らす豊かさ

麹菌が発酵してうまみの素をどんどん生み出す様子は本当にダイナミックです。
気温、季節、環境、仕込む人などさまざまな条件の違いで、毎回違う表情を見せてくれます。
しかも麹菌は日本の「国菌」に認定されている日本特有のもの。未来のバイオテクノロジーをもリードするであろう類希な能力を秘めた、世界に誇る日本の天然資源なのです。日本の風土がもたらすこの自然の恵みを、手軽に仕込める「塩麹」や「甘酒」を通してもっと身近に感じてみてはいかがでしょうか?　麹のパワーにふれながら、発酵が進む様子を見守る。そんな心のゆとりがきっと暮らしに彩りを添えてくれるはずです。
私は毎日、麹と暮らし、たくさんの喜びをもらっています。麹料理を口にした人の「おいしい笑顔」を見るたびに、自分もなんだか癒される心地になるのです。
麹は暮らしに幸をもたらす福の神かもしれません。

Cakes & Baked Sweets

ケーキ&焼き菓子

麹を使った焼き菓子をおいしく仕上げるにはじっくりと焼き込むことが大切。
それが素材のもち味を最大限に生かすポイントです。
とくにクッキーなどはカリカリ、サクサクになるまで焼きましょう。

甘酒クッキー

麹を使った焼き菓子の基本中の基本。麹のもち味がよくわかるシンプルなレシピです。

材料（約35枚分）

A
- 甘酒…… 60g
- 塩麹……小さじ2
- なたね油……大さじ4

B
- 中力粉……150g
- ベーキングパウダー……小さじ½

作り方

1. ボウルにAを合わせ、泡立て器でよく混ぜる。Bを合わせてふるい入れ、へらでさっくりと混ぜ合わせる（こねない）。ほぼまとまったら、生地を手で半分に割って重ねる、を3～4回繰り返す〈**a**〉。
2. 台の上にラップを敷き、**1**の生地をのせる。表面を手で軽く平らにならし、もう1枚ラップをかぶせてめん棒で約4㎜厚さに伸ばす〈**b**〉。
3. 好みの型で生地を抜いて天板に並べ、180℃に予熱したオーブンで12分ほど焼く。いったん取り出して裏返し、160℃に下げてさらに6～8分、香ばしい焼き色がつくまで焼く。ざるに取ってさます。

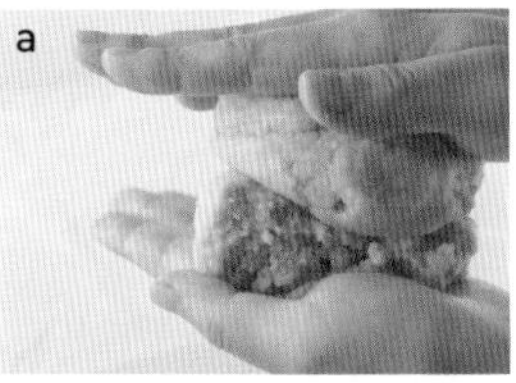

粉がまとまったら、生地を半分に割って重ねる。3～4回くり返す。

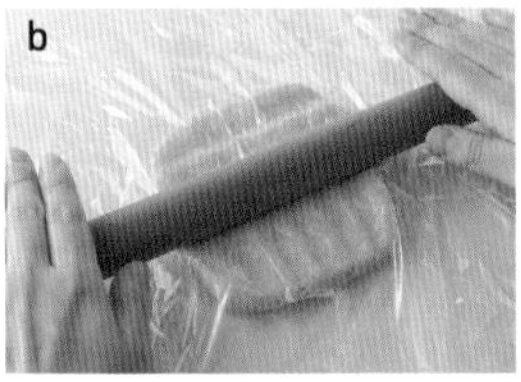

生地をラップではさみ、めん棒で伸ばす。はじめは縦横に軽く押さえ、少しずつめん棒を転がしながら約4㎜厚さにする。

Point

＊生地を手で半分に割って重ねるこね方だと、粘りが出ずさっくりとした焼き上がりになる。
＊打ち粉の代わりに2枚のラップの間にはさんで生地を伸ばすとよい。粉っぽくならない。
＊さましてサクサク感が足りなければ、130℃に予熱したオーブンでさらに10分ほど焼く。

絞り出しクッキー（ココナッツ味・白ごま味）

甘酒クッキー生地の配合比を変えて、てん菜糖で甘みをプラス。アレンジを楽しんで。

材料（約40個分）

A
- 甘酒……65g
- 塩麹……小さじ1
- てん菜糖……25g
- なたね油……大さじ3

B
- ［ココナッツ味］
  - ココナッツフレーク……13g
- ［白ごま味］
  - 白いりごま……13g

C
- 中力粉……100g
- ベーキングパウダー……小さじ½

作り方

1. ボウルにAを合わせ、泡立て器でよく混ぜる。好みのBを加え混ぜる。
2. Cを合わせて**1**にふるい入れ、へらでさっくりと混ぜ合わせる（こねない）。
3. **2**の生地を絞り出し袋に入れ、クッキングシートを敷いた天板の上に絞り出す。180℃に予熱したオーブンで12分ほど焼く。いったん取り出して裏返し、160℃に下げてさらに6〜8分、焼き色の加減をみながらカリカリになるまで焼く。ざるに取ってさます。

Point

*絞り出しの口金は星形や丸形のものを使用。口金のサイズによってクッキーの大きさも変わるので、焼き時間は適宜調整して。
*焼き上がりをさまして中心がまだしっとりしていたら、130℃に予熱したオーブンでさらに10分ほど焼く。甘酒がたっぷり入っていて焦げつきやすいので注意。

ダブルナッツクッキー

アーモンドとココナッツがたっぷり。プレゼントにも喜ばれる大人気のレシピ。

材料（約30個分）

A
- ローストアーモンド……60g
- ココナッツフレーク……25g
- 中力粉……35g
- 全粒粉……30g

B
- 甘酒……40g
- 塩麹……小さじ1
- てん菜糖……25g
- なたね油……大さじ2と½

作り方

1. アーモンドはフードプロセッサーで細かく砕く。ボウルに入れ、残りのAを加えて泡立て器でよく混ぜる。
2. 別のボウルにＢを合わせて泡立て器でよくすり混ぜ、**1**を加えてへらで混ぜる。
3. クッキングシートを敷いた天板に、**2**をスプーンでひと口大に落とす。手で丸く形を整え、上からフォークで軽く押さえて平らにする。180℃に予熱したオーブンで12分ほど焼く。いったん取り出して裏返し、160℃に下げてさらに6～8分、焼き色の加減をみながらカリカリになるまで焼く。オーブンから取り出し、ざるに取ってさます。

Point

＊焼き上がりをさまして中心がまだしっとりしていたら、130℃に予熱したオーブンでさらに6～8分焼く。

塩麹のクラッカー

塩麹のコクとうまみが絶品！　パリパリ、ポリポリやめられない！

材料（約40枚分）

A
- 塩麹……15g
- 豆乳……40cc
- なたね油……大さじ1

B
- 中力粉……50g
- 米粉……40g
- ベーキングパウダー……小さじ½

作り方

1. ボウルにAを合わせ、泡立て器でよく混ぜる。
2. Bを合わせて**1**にふるい入れ、P14「甘酒クッキー」の作り方 **1**と同様の手順で生地を作る。
3. 生地を四角くまとめて2枚のラップの間にはさみ、めん棒で2㎜厚さに伸ばす。包丁でひと口大の四角形に切り、フォークで数か所穴を開ける。クッキングシートを敷いた天板に並べて180℃に予熱したオーブンで12分ほど焼く。いったん取り出して裏返し、160℃に下げてさらに8〜10分、焼き色の加減をみながらカリカリになるまで焼く。

Arrangement

カレー味
作り方1でカレー粉2g（小さじ約¾）を加える。

青のり味
作り方1で青のり小さじ2を加える。

Point

＊焼いたものを触って少しでもふわふわしていたら、150℃（予熱なし）でさらに3〜5分ほど焼く。触ってみてかたかったらOK。

塩麹のスコーン

生おから入りのしっとりとした食感。かむほどに味わい深い塩味のスコーンです。

材料（8個分）

A
- 塩麹……20g
- 豆乳……20cc
- 生おから……60g
- なたね油……80cc

B
- 中力粉……70g
- 全粒粉……75g
- ベーキングパウダー……小さじ1

作り方

1. ボウルにAを合わせ、泡立て器でよく混ぜる。
2. Bを合わせて**1**にふるい入れ、P14「甘酒クッキー」の作り方**1**と同様の手順で生地を作る。
3. 生地を四角くまとめて2枚のラップの間にはさみ、めん棒で2cm厚さに伸ばす。包丁で三角形に8等分し、クッキングシートを敷いた天板に並べて、180℃に予熱したオーブンで25分ほど焼く。

塩麹のパンケーキ

忙しい朝にもパパッと作れる！　アレンジしだいでおかずにもおやつにも。

材料（直径11㎝×約8枚分）

A
- 塩麹……20g
- 豆乳……170cc
- なたね油……大さじ2と½
- レモン汁……小さじ1

B
- 中力粉……100g
- 全粒粉……20g
- ベーキングパウダー……小さじ1

作り方

1. ボウルにAを合わせ、泡立て器でよく混ぜる。
2. Bを合わせて**1**にふるい入れ、泡立て器を前後左右に動かしてさっくりと混ぜる（練らない）。
3. ペーパータオルになたね油適量（分量外）を含ませ、熱したフライパンに塗る。**2**の生地をおたまで流し、フライパンを回して生地をやや薄めに丸く伸ばす。ごく弱火で焼き、表面に泡が立ってきたら裏返して2分ほど焼く。

Arrangement

じゃがいも＆ローズマリー味

作り方**3**で生地を伸ばしたときに、蒸したじゃがいものスライス適量とローズマリーの葉5～6本をのせて焼く。

バナナ味

バナナは1㎝厚さの輪切りにしてレモン汁小さじ2をまぶす（色止めのため）。作り方**3**で生地を伸ばしたときに、表面に並べて焼く。

じゃがいも&ローズマリー味

バナナ味

塩麹のクレープ

生地を粘りが出るまで混ぜてすぐに焼くのがポイント！　麹キャラメルソースをかけてどうぞ。

材料（4〜5枚分）

塩麹……小さじ1
豆乳……150cc
強力粉……70g
なたね油……小さじ1
麹キャラメルソース
（作り方別記）……適量
ドライフルーツ＆ナッツ……適量

作り方

1. ボウルにすべての材料を入れ、泡立て器で生地に粘りが出るようにぐるぐる混ぜる。

2. フライパンを中火で熱し、煙が出てきたら弱火にし、なたね油（分量外）をペーパータオルにたっぷり含ませて塗る。**1**の生地をおたまに8分めほどすくって流し、フライパンを回しながら薄く伸ばし、弱火で焼く。

3. 端が少しめくれてきたら箸でつまんで持ち上げ、裏返す。30秒ほど焼いたら皿にとる。

4. クレープにキャラメルソースを軽く塗り、四つ折りにする。好みのドライフルーツやナッツを散らし、キャラメルソースをかける。

Point

＊塩麹を入れた生地を長時間おくと、塩麹の酵素の力で粉が分解されてしまう。べたついてうまく焼けなくなるので、生地を作ったらできるだけ早く焼くこと。

◎麹キャラメルソース

材料（作りやすい分量）

甘酒……120g
A
- てん菜糖……40g
- しょうゆ……小さじ1
- ラム酒……小さじ2
- 水……大さじ2

作り方

1. 鍋にAを入れて中火にかける。スプーンで混ぜて沸騰してきたら弱火にし、$\frac{2}{3}$量くらいになるまで煮つめる。

2. 甘酒を加え、ミキサーにかけてなめらかなソースにする。

アーモンドカステラ

リッチな風味とほどよい軽さにこだわりました。

材料(直径18㎝のタルト型1台分)

スライスアーモンド……25g

A
- 甘酒……70g
- ココナッツミルク……100cc
- 塩麹……10g
- てん菜糖……40g
- なたね油……50cc

B
- 中力粉……80g
- おからパウダー……15g
- ベーキングパウダー……小さじ1

作り方

1. アーモンドは160℃(予熱なし)のオーブンで10～15分ローストする。型の内側側面になたね油(分量外)を薄く塗り、底にクッキングシートを敷いてアーモンドを敷きつめる。
2. ボウルにAを合わせ、泡立て器でよく混ぜる。Bを合わせてふるい入れ、へらでさっくりと切るように混ぜる。
3. **2**を**1**の型に、アーモンドが動かないようにそっと置くように入れ、へらで表面を平らにならす。190℃に予熱したオーブンで25～30分、きつね色の焼き色がつくまで焼く。焼き上がったらオーブンから取り出し、型に入れたままさます。さめたら型からはずして上下を返し、クッキングシートをはがしてアーモンドの面を表にする。

Point

＊ココナッツミルクは保存容器に移して冷蔵保存し、3日以内に使いきること。冷凍すれば長期保存も可能。

ガトーショコラ

どっしり濃厚、和の香りただようシックなケーキ。

材料（直径18㎝の丸ケーキ型1台分）

A
- 甘酒……40g
- りんごピューレ（作り方別記）……100g
- 生おから……45g
- 塩麹……15g
- てん菜糖……45g
- なたね油……大さじ5
- ラム酒……大さじ1と½

B
- 中力粉……40g
- 米粉……15g
- アーモンドプードル……70g
- ココアパウダー……20g
- ベーキングパウダー……小さじ½

作り方

1. ボウルにAを合わせ、泡立て器でよく混ぜる。Bを合わせてふるい入れ、全体をよく混ぜる。
2. クッキングシートを敷いた型に**1**を入れて表面を平らにならし、190℃に予熱したオーブンで35分ほど焼く。焼き上がったらオーブンから取り出し、型に入れたままさます。

◎りんごピューレ

材料（でき上がり約130g）

- りんご……1個
- 天日塩……少々
- 水……大さじ1

作り方

1. りんごは皮をむいて5㎜厚さのいちょう切りにし、天日塩をふって混ぜ合わせる。
2. **1**を鍋に入れて水を加えてふたをし、弱火にかけて蒸し煮にする。りんごがやわらかくなったらふたを取り、強火にして混ぜながら水分がほぼなくなるまで煮つめる。
3. 粗熱が取れたら、ミキサーにかけてなめらかなピューレ状にする。

Point

＊りんごピューレはりんごの大きさにもよるが、1個で約130g作れる。

column

高価なアーモンドプードルはまとめ買いがおすすめ

スーパーなどに並ぶ小袋入りアーモンドプードルは高価でびっくりするような値段。思う存分たっぷり使いたい場合は、グッと割安な通販の大袋入りが断然おすすめです。
1kg入りを買うのが、いちばんお得ですが、少し割高な500g入りでもスーパーで買うよりはずっとお得です。
注意してほしいのが保存方法。アーモンドプードルはとても酸化しやすいので、保存には冷凍がおすすめです。冷凍なら半年以上保存可能。使うときは、冷凍庫から取り出し、金属製のスプーンなどで砕けば、すぐに必要量を取り分けることができます。

ドライフルーツのパウンドケーキ

甘味料を使わなくても、甘酒とフルーツの相乗効果でフルーティな甘さに。

材料（8×19.5㎝のパウンド型1台分）

A
- ドライいちじく（細かく刻む）……35g
- ドライデーツ（細かく刻む）……25g
- くるみ（細かく刻む）……30g
- レーズン……35g
- シナモンパウダー……小さじ½
- ラム酒……大さじ1

B
- 甘酒……100g
- りんご（すりおろし）……100g
- 生おから……30g
- 塩麹……15g
- なたね油……大さじ4

C
- 中力粉……85g
- 全粒粉……40g
- ベーキングパウダー……小さじ1と½

Point

＊りんごは皮をむき、天日塩をほんの少しすり込んでからおろすと色止めになる。

作り方

1. Aを合わせてラム酒をふり、30分ほどおく。
2. ボウルにBを合わせてよく混ぜ、**1**を加えてさらによく混ぜる。Cを合わせてふるい入れ、さっくり混ぜる。
3. 生地を型に入れ、型の底を台の上にトントンと軽くたたきつけて空気を抜く。190℃に予熱したオーブンで40分ほど、表面に香ばしい焼き色がつくまでしっかり焼く。そのままオーブンの中に10～20分おいて、余分な水分を余熱でとばす。

ケークサレ（小松菜味・とうもろこし味）

パウンドケーキの生地をアレンジするだけ！　栄養満点でおもてなしにもぴったりです。

材料（8×19.5㎝のパウンド型1台分）

A
- 甘酒……100g
- りんご（すりおろし）……100g
- 生おから……30g
- 塩麹……15g
- なたね油……大さじ4

B
- ［小松菜味］
  - 小松菜（細かく刻む）……150g
  - ごま油……小さじ2
  - 塩麹……小さじ1
- ［とうもろこし味］
  - とうもろこし……1本
  - 塩麹……小さじ2

C
- 中力粉……85g
- 全粒粉……40g
- ベーキングパウダー……小さじ1と½

Point

＊火のまわりをよくするために、高さを少し控えめにしている。
＊生地の分量と作り方は「ドライフルーツのパウンドケーキ」と同じで具材を替えているだけ。

作り方

1. 小松菜はごま油を熱したフライパンで炒めてしっかり水分をとばし、塩麹で調味する。とうもろこしはゆでて粒を包丁でそぎ落とし、塩麹をあえる。
2. ボウルにAを合わせてよく混ぜ、好みのBを加え混ぜる。Cを合わせてふるい入れ、さっくり混ぜる。
3. 生地を型に入れ、型の底を台の上にトントンと軽くたたきつけて空気を抜く。190℃に予熱したオーブンで40分ほど表面に香ばしい焼き色がつくまでしっかり焼く。そのままオーブンの中に10～20分おいて、余分な水分を余熱でとばす。

フルーツタルト

全粒粉におから、アーモンド……。食物繊維たっぷりでヘルシー！

材料（直径18㎝のタルト型1台分）

好みのフルーツ（刻む）……適量

［タルト生地］

A
- 甘酒……70g
- 塩麹……10g
- なたね油……大さじ4

B
- 中力粉……120g
- 全粒粉……45g
- 米粉……15g

［アーモンド生地］

C
- 甘酒……45g
- ココナッツミルク……50cc
- 生おから……70g
- 塩麹……小さじ1
- てん菜糖……30g
- なたね油……大さじ3と½
- ラム酒……小さじ1

D
- 米粉……35g
- アーモンドプードル……60g
- ベーキングパウダー……小さじ½

作り方

1. タルト生地を作る。ボウルにAを合わせ、泡立て器でよく混ぜる。Bを合わせてふるい入れ、P14「甘酒クッキー」の作り方**1**と同様の手順で生地をまとめる。

2. 生地を2枚のラップの間にはさみ、めん棒でタルト型よりひとまわり大きく伸ばす。生地を型に敷き、めん棒を転がして周囲の余分な生地を取り除く。生地の底にフォークで穴を開け、190℃に予熱したオーブンで12分ほど焼く。焼き上がったらオーブンから取り出して、型に入れたままさます。

3. アーモンド生地を作る。ボウルにCを合わせ、泡立て器でよく混ぜる。Dを合わせてふるい入れ、よく混ぜる。

4. **3**を**2**のタルト生地に流し入れ、フルーツを半分埋め込むように斜めにのせる。180℃に予熱したオーブンで40～45分ほど焼く。焼き上がったらオーブンから取り出し、型に入れたままさます。さめたら冷蔵庫でひと晩冷やして味をなじませる。

Point

＊フルーツは熟れすぎていると果汁が出すぎて仕上がりがべたつくので、少しかたさが残る程度のものを使うとよい。

フィナンシェ

フルーツタルトのアーモンド生地と同じ。焼き型を替えるだけでフィナンシェに！

材料（フィナンシェ型8～9個分）

［アーモンド生地］
　フルーツタルト（P28）の
　C・Dと同じ材料

A［スライスアーモンドやくるみ、
　かぼちゃの種……適量

作り方

1. フルーツタルトの作り方**3**と同様に、アーモンド生地を作る。
2. 型に薄くなたね油（分量外）を塗り、**1**の生地を流し入れる。表面にAをのせる。
3. 190℃に予熱したオーブンで20～25分焼く。焼き上がったらオーブンから取り出し、さめたら型からはずす。

フルーツクラフティ

焼きたてアツアツもいいし、 さめて味がなじむころがまたおいしい!

材料(直径17㎝のグラタン皿1台分)

A
- きんとん甘酒(作り方P 11)……200g
- 豆乳……200cc
- 塩麹……小さじ½
- ゆずの絞り汁(レモンでもよい)……小さじ2

ブルーベリー(冷凍でもよい)……適量

作り方

1. ボウルにAを合わせ、泡立て器でよく混ぜる。
2. 型に**1**を流し入れて、ブルーベリーを並べのせ、200℃に予熱したオーブンで30分ほど焼く。

Point

*ブルーベリーのほかに、刻んだ桃やバナナ、いちご、キウイなどでもおいしくできる。

Cold Sweets

冷たいお菓子

ふんわり、まったり……
冷たいお菓子のさまざまな食感を出すために
固める素材の寒天と米粉の配合や、
仕上げ方に工夫をこらしました。
甘酒と塩麹のおかげで、
乳製品不使用でもクリーミーに仕上がります。

フルーツマリネ

甘酒がフルーツの甘さを引き立てます。ひと晩ねかせるとうまみがアップ。

材料（約5人分）

ピンクグレープフルーツ……½個
バナナ……1本
りんご……½個
キウイ……1個
甘酒……果物の全重量（正味量）の約50%

作り方

1. グレープフルーツは薄皮をむいて粗くくずす。バナナは皮をむき半月切りにする。りんごとキウイは皮をむき、5㎜厚さのいちょう切りにする。
2. ボウルにグレープフルーツ、バナナ、りんごを入れてよく混ぜる。キウイ、甘酒を加えて全体を混ぜ合わせ、保存容器に移して冷蔵庫で数時間冷やす。

Point

＊フルーツは単品でもよいし、お好みのものを組み合わせても。
＊バナナやキウイはよく熟れたものを使うことがおいしさの秘訣。

コーヒーゼリー

体に優しい穀物コーヒーを使います。少し濃いめの甘酒豆乳をかけて。

材料（直径６㎝のグラス４個分）

［コーヒーゼリー］

A
- 穀物コーヒー（粉末）……大さじ３
- 粉寒天……小さじ１
- 水……300cc

［甘酒豆乳ソース］

B
- 甘酒……250ｇ
- 豆乳……100cc
- 塩麹……小さじ½

作り方

1. コーヒーゼリーを作る。Aを鍋に入れてよく混ぜ合わせ、中火にかける。混ぜながら加熱し、沸騰したら弱火にし、さらに10秒おいて火からおろす。ガラスの耐熱容器に注ぎ、さめたら冷蔵庫でよく冷やす。
2. 甘酒豆乳ソースを作る。ボウルにBを合わせ、泡立て器でよく混ぜ、冷蔵庫で冷やす。
3. **1**に**2**のソースをたっぷりかける。

Point

＊穀物コーヒーの代わりにインスタントコーヒー（粉末）小さじ1と½にしても。その場合は酸味の少ない深煎りタイプがおすすめ。インスタントでなく、本格的にドリップしたものを使えば風味もよく仕上がる。

レアチーズ風ケーキ

豆乳チーズで作るチーズケーキ。梨と相性バツグンの新しい食感です。

材料（直径18㎝の丸型1個分）

梨のワイン煮（作り方別記）……適量

A
- 豆乳チーズ（作り方別記）……約330g
- 甘酒……150g
- 塩麹……大さじ1
- レモンの皮（黄色い表面だけをすりおろす）……小さじ½
- なたね油……大さじ4

B
- 豆乳……180cc
- 粉寒天……小さじ1と½
- 米粉……15g
- てん菜糖……60g

作り方

1. 型の底と側面にクッキングシートを敷き、底に5㎜厚さに切った梨のワイン煮を敷きつめる。
2. Aを合わせてフードプロセッサーにかけ、なめらかにしておく。
3. Bを鍋に入れ、よくかき混ぜて米粉を溶く。中火にかけて混ぜながら加熱し、沸騰したら弱火にして1分ほど練り混ぜる。
4. **3**を**2**に加え入れ、再度よく混ぜて十分なめらかになったら、温かいうちに**1**の型に流し入れる。さめたら冷蔵庫で冷やし固める。

Point

＊冷蔵庫に入れてから、1日おいてなじませるとおいしい。
＊型から取り出すときは、側面のクッキングシートをはずして型の上に皿をかぶせ、皿ごと上下を返して。中身が皿にのったら、型をそっとはずす（梨のワイン煮が上になる）。

◎豆乳チーズ

材料（約330g分）

豆乳…… 6カップ
レモン汁……大さじ6

作り方

1. 鍋に豆乳を入れ、中火にかけてかき混ぜながら加熱する。鍋肌がフツフツしてきたらレモン汁を加え、やさしく混ぜながら弱火で加熱する。豆乳が分離して、水分が澄んできたら火を止める。
2. ざるにペーパータオルを2枚重ねて敷き、**1**を流し入れる。ペーパータオルの四隅をたたんで包み、軽く重しをして全体が約330gになるまで水きりする。

＊温かいうちにレアチーズ風ケーキの作り方**2**の作業に取りかかる。

◎梨のワイン煮

材料（作りやすい分量）

梨…… 1個
レモン汁……大さじ1
白ワイン（甘口）……400cc

作り方

1. 梨は皮をむいて芯を取り、8等分にする。色止めにレモン汁をまぶす。
2. 鍋に**1**とワインを入れて中火にかけ、沸騰したら弱火にして約20分煮る。火からおろして煮汁に漬けたままさます。

Point

＊白ワインの代わりに香料無添加ストレートタイプのりんご100%ジュースを使ってもよい。

チョコサンド
クッキー
ドライフルーツ
＆ナッツ
生チョコ

塩麹の生チョコ

フルーティーな甘さのビターチョコ。塩麹がカカオのコクと甘みを引き立てます。

材料（11×13㎝の容器1個分）

カカオマス……60g

A
- りんごピューレ（作り方P25）……75g
- 粉寒天……小さじ¼
- 塩麹（すり鉢ですりつぶす）……小さじ1と½
- てん菜糖……40g
- ラム酒……大さじ1

ココアパウダー……適量

作り方

1. カカオマスは細かく刻んで、ボウルに入れる。Aを鍋に入れ、弱火にかける。かき混ぜながら加熱し、沸騰したら火を止め、ボウルに加える。
2. よくかき混ぜ、カカオマスをまんべんなく溶かす。かき混ぜながらさまし、生クリーム状のかたさになったら、ラップを敷いた容器に流し込み、冷蔵庫でひと晩冷やし固める。
3. 固まったらラップごと取り出し、好みの大きさのさいの目に切る。ココアパウダーをまぶす。

Point

*カカオマスがなければ純度の高い板チョコで。

Arrangement

チョコサンドクッキー

固まる前に甘酒クッキー（P14）にサンドする。

ドライフルーツ＆ナッツ

ラップの上に丸く垂らして、好みのドライフルーツやナッツをトッピングする。

ティラミス

ティラミスらしさを出すためにひと工夫。麩が入ってふんわりまったり新食感！

材料（直径約12㎝の容器1台分）

A
- 穀物コーヒー（粉末）……大さじ1と½
- てん菜糖……大さじ1と½
- ラム酒……小さじ1
- 水……50cc

スポンジケーキ（作り方別記）……適量

ココアパウダー……適量

焼き麩（車麩やもち麩）……14g

B
- 豆乳……130cc
- ココナッツミルク……60cc
- なたね油……大さじ1
- 米粉……13g
- 粉寒天……小さじ½

C
- 甘酒……250g
- 塩麹……小さじ1

作り方

1. コーヒーシロップを作る。Aを鍋に合わせ、火にかける。沸騰して、てん菜糖が溶けたら火からおろしてさます。
2. 容器の底に合わせてカットしたスポンジケーキを敷きつめ、**1**のシロップをハケで塗り、たっぷりしみ込ませる。茶こしでココアパウダーをふる。
3. 焼き麩は水でもどして、しっかり絞って水けをきる。鍋にBを入れてよく混ぜ、中火にかける。へらでかき混ぜながら加熱し、沸騰したら麩とCを加える。よく混ぜながらさらに加熱し、再び沸騰したら火からおろす。
4. **3**をミキサーにかけ、なめらかになったら**2**の容器に流し入れる。さめたら冷蔵庫で1日冷やし固める。食べる直前に茶こしでココアパウダーを全体にたっぷりふりかけ、大きなスプーンですくい取って器に盛る。

Point

＊焼き麩はきつめに絞ってしっかりと水きりすること。
＊スポンジケーキの代わりに市販のクッキーや薄切りの食パンでもよい。

◎スポンジケーキ

材料（直径18㎝の丸型1台分）

A
- 甘酒……25g
- 豆乳……大さじ4
- 穀物コーヒー（粉末）……小さじ1と½
- 塩麹……小さじ2
- てん菜糖……10g
- なたね油……大さじ1と½

B
- 中力粉……30g
- 米粉……25g
- ベーキングパウダー……小さじ½

作り方

1. ボウルにAを合わせ、泡立て器でよく混ぜる。
2. Bを合わせ、**1**にふるい入れる。泡立て器を前後左右に動かしてさっくり混ぜ合わせ（こね回さない）、クッキングシートを敷いた型に流し入れる。型を台の上に置いて前後左右にふり、生地を平らにならす。
3. **2**を190℃に予熱したオーブンで15分焼く。焼き上がったら型から取り出し、さます。

かぼちゃのプリン

かぼちゃの自然な甘みとしょうゆ入りのカラメルソースの絶妙なハーモニー。

材料（直径6㎝のプリン型5個分）

蒸しかぼちゃ……100g
（皮を取り除いた正味量）

A
- てん菜糖……30g
- しょうゆ……小さじ½
- 水……大さじ1

B
- 豆乳……200cc
- 米粉……5g
- 粉寒天……小さじ½
- てん菜糖……小さじ2

C
- 甘酒……80g
- 塩麹……小さじ1

作り方

1. カラメルソースを作る。Aを鍋に入れ、中火にかける。沸騰したら弱火にして、スプーンでかき混ぜながら約30秒ほど煮つめ、火からおろす。温かいうちに小さじ1ずつ型に流し入れ、冷凍庫に数分入れて冷やし固める。
2. プリン生地を作る。鍋にBを入れてよく混ぜ、米粉が溶けたら中火にかける。混ぜながら加熱し、沸騰したらかぼちゃ、Cを加えてさらに混ぜ、鍋肌がフツフツ沸いてきたら火からおろす。温かいうちにミキサーにかけて、なめらかなピューレ状にする。
3. 1の型に2の生地を分け入れ、さめたら冷蔵庫で6時間以上冷やす。

Point

＊プリンを取り出すときは、型の縁に沿ってナイフをそっと入れ、プリンのまわりに空気を入れるときれいに抜ける。
＊水分が少なめで甘みの多いかぼちゃがおすすめ。

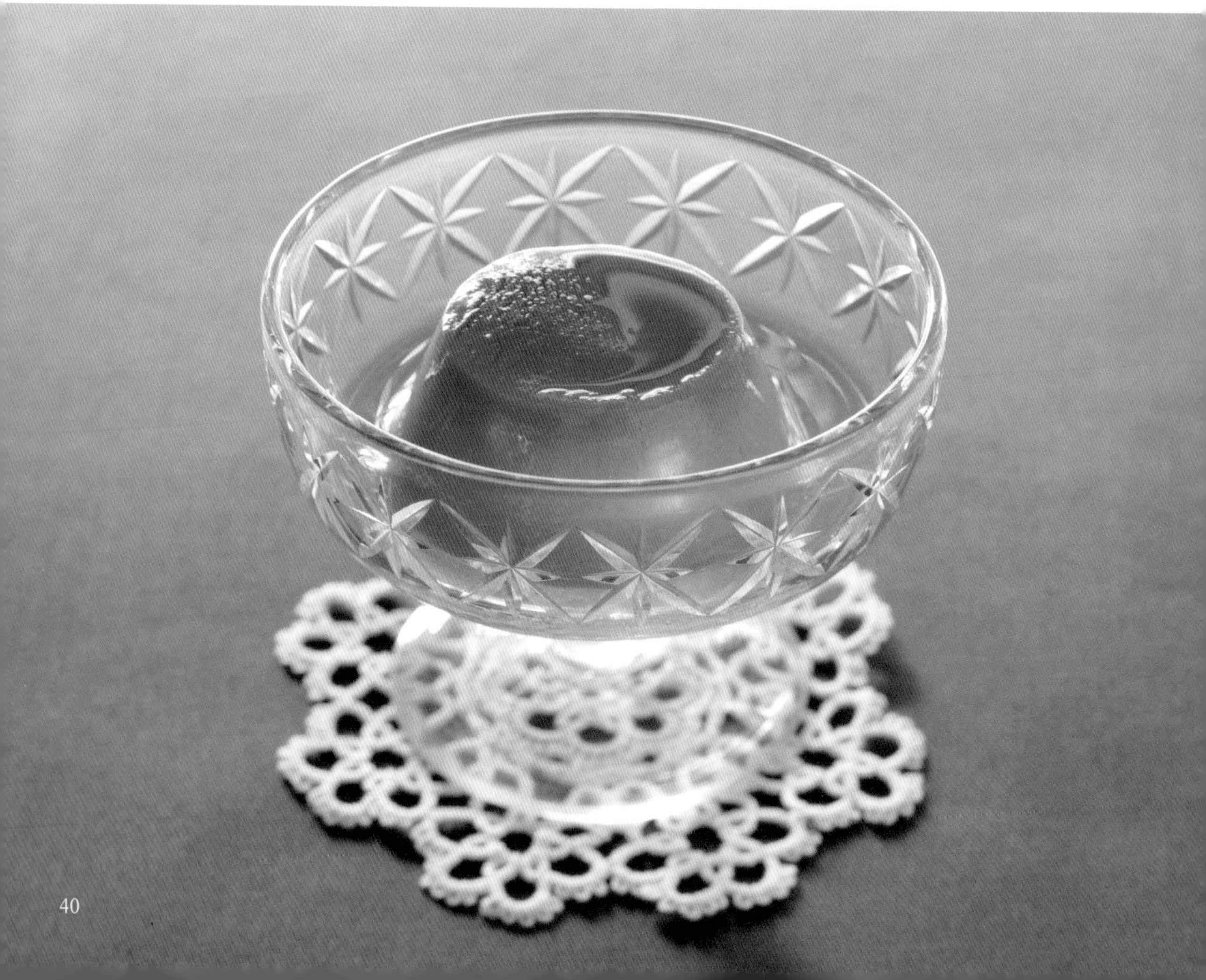

フルーツムース（ゴールドキウイ味・いちご味）

フルーツの香りがさえる、ふわふわ軽やかなノンオイルムース。

材料（直径６㎝のプリン型５個分）

ゴールドキウイまたはいちご
（熟れたもの）……150g

A
- 豆乳……150cc
- 粉寒天……小さじ½
- 米粉……５g

B
- 甘酒……150g
- 塩麹……小さじ½

作り方

1. キウイは皮をむいてさいの目に刻む。いちごはへたを取る。
2. 鍋にAを入れ、よくかき混ぜて米粉を溶き、中火にかける。スプーンでかき混ぜながら加熱し、沸騰したら弱火にする。混ぜながらとろみが出てフツフツしてきたら30秒後に火を止める。
3. ミキサーにフルーツとBを入れ、熱いうちに**2**を加えてよく撹拌する。温かいうちに型に分け入れ、さめたら冷蔵庫で冷やし固める。

Point

＊フルーツはオレンジや桃などお好みのもの（熟れたもの）を使っても。
＊甘みが足りなければ、容器に注ぐ前にてん菜糖小さじ1〜2を加える。

column

麹スイーツで腸美人

今や「腸美人」は美の最重要キーワード。
腸内環境を整えてスムーズに新陳代謝が行われる身体を作ることこそ、
美への近道です。

◆腸は健康の要、腸内活性化のために

腸は全身の健康を司る大切な器官。腸を健康に保つことは、毎日を生き生きと過ごすためにも欠かせません。その鍵を握るのはなんといっても腸内細菌です。ビフィズス菌などの善玉菌を増やすと腸が元気になるということは皆さんもご存じですよね。善玉菌が腸内にたくさん増えると、腸の働きが活発になって排泄がスムーズになり、新陳代謝がアップして、免疫力が強化されるなど、体の調子が整えられます。

体の中が活性化されると、お肌の調子も整い、心も体も軽やかになります。はつらつとした毎日を過ごして、内面からにじみ出る美しさを手に入るためには、腸内環境が整えらえた腸美人になることが大切なのです。

何を食べるかが、腸内環境のよし悪しを大きく左右します。添加物たっぷりのスナック菓子や保存料の多い加工食品、お肉ばかりの食事や白砂糖たっぷりの甘〜いお菓子では、腸内の善玉菌たちは元気に繁殖することができません。

でんぷん質や食物繊維や発酵食、そしてオリゴ糖などの善玉菌たちのエサとなる成分を含む食材を中心とした食事が腸内環境を整えるために必要なのです。

麹の発酵食である「塩麹」と「甘酒」をふんだんに使い、穀物、野菜、果物、ナッツ、おからなどに加えて、オリゴ糖を含むてん菜糖などで作る麹スイーツは、善玉菌たちも喜ぶ優れもの。

楽しくお菓子を食べながら、腸内環境の改善に役立てることができます。

◆心和む麹スイーツ

どんなに食生活に気を配っていても、ちょっとしたストレスで腸内のバランスは崩れがち。

早寝早起きの規則正しい生活はもちろんのこと、上手にストレス解消することも腸美人への道には不可欠です。

麹スイーツをいただきながらお茶を飲んでゆったりほっこりと過ごしてリラックスする時間は、きっと心を和ませてくれるに違いありません。

◆継続は力なり

どんなに麹をいっぱい食べても、三日坊主ではいけません。毎日毎日食べ続けてこそ、その恩恵にあずかれるのです。

私も「塩麹」を食べ始めて1ヶ月したころに、ようやく「お肌がしっとりしている!」という効果を実感しました。昔は便秘症だったけれど、毎日しっかり麹の発酵食を食べている今は、ほぼ毎日スッキリ！ しています。麹生活で腸美人を目指しませんか？

（注）効果には個人差があります。

Japanese Confectionery

和菓子

和の素材「麹」はもちろん和菓子にもよくなじみ、
特別な技術がなくても、簡単に上質な和菓子ができ上がります。
てん菜糖などの甘味料も使わずに、より自然な味わいに仕上げました。

甘酒白玉の甘酒ソースあえ

あと味にりんごがほんのり香る甘酒白玉。甘酒ソースとともに。

材料(約4人分)

［甘酒白玉］

りんご(すりおろし)……80〜90g

甘酒……40g

天日塩……ひとつまみ

白玉粉……120g

［甘酒ソース］

A
- 甘酒……150g
- 抹茶パウダー……小さじ1
- 塩麹……小さじ½
- 水……大さじ1

松の実……適宜

作り方

1. 甘酒白玉を作る。ボウルにりんごを入れ、甘酒、天日塩を加えてよく混ぜ合わせる。白玉粉を加えてよくこね、こね上がったら小さく丸めて沸騰した湯でゆでる。白玉が浮き上がったらさらに1〜2分ゆで、冷水に取る。
2. Aを合わせてよく混ぜ、甘酒ソースを作る。
3. 白玉を器に盛り、**2**のソースをたっぷりかける。好みで松の実を散らす。

Point

*りんごは皮をむき、天日塩をほんの少しすり込んでからおろすと色止めになる。
*りんごの種類はなんでもよいが、香り豊かな王林がおすすめ。
*抹茶パウダーの代わりに、きな粉小さじ2でもよい。

きんとん甘酒のみかんあんころ

だいだい色が目にも鮮やか。みかんあんのさわやかな酸味が小気味よい！

材料（約4人分）

［甘酒白玉］

P44「甘酒白玉の甘酒ソースあえ」と同じ材料

［みかんあん］

A
- きんとん甘酒（作り方P11）……300g
- みかんの絞り汁……120cc
- 塩麹……小さじ1

作り方

1. みかんあんを作る。Aを鍋に合わせ、中火にかける。沸騰したら弱火にして10分ほど練り上げ、バットに移して粗熱を取る。
2. P44「甘酒白玉の甘酒ソースあえ」の作り方**1**と同様の手順で白玉を作る。器に盛り、**1**のあんをのせる。

Point

＊みかんあんは火にかけている途中、飛び跳ねるのでやけどに注意。
＊みかん果汁の代わりに市販の100%ジュースを使う場合は、香料無添加のストレートタイプを。
＊みかんあんはパン、クレープ、パンケーキにジャムとして添えてもおいしい。

ココナッツしるこ

相性バッチリのココナッツと甘酒で作るスイーツ。

材料（4〜5人分）

［ココナッツソース］

A
- ココナッツミルク……100cc
- 甘酒……250g
- 豆乳……150cc
- 塩麹……小さじ1

［甘酒白玉］

P44「甘酒白玉の甘酒ソースあえ」と同じ材料

甘酒あんこ（作り方別記）……適量

クコの実……適宜

作り方

1. ココナッツソースを作る。Aをよく混ぜ、冷蔵庫で2〜3時間冷やす。
2. P44「甘酒白玉の甘酒ソースあえ」の作り方**1**と同様の手順で白玉を作る。器に**1**のソースを注ぎ、白玉と甘酒あんこを浮かべクコの実を散らす。

◎甘酒あんこ

材料（約320g）

乾燥小豆……½カップ

甘酒……200g

塩麹……小さじ1と½

Point

＊ココナッツミルクが固まっている場合は湯せんにかけて溶かす。
＊冷やしても温めてもおいしい。温めて食べる場合は、ココナッツソースの材料を混ぜてすぐに軽く温める。
＊甘酒あんこは火にかけている途中、飛び跳ねるのでやけどに注意。

作り方

1. 小豆はひと晩水につけてもどし、ざるにあげて水をきる。鍋に入れ、かぶるくらいの水を注いで中火にかけ、沸騰したら弱火にして30分ゆでる。火を止めてふたをし、蒸らしながら余熱で火を通す。さめて、指でつまんでつぶれるくらいにやわらかくなったら、ざるにあげて煮汁をきる。
2. **1**と甘酒、塩麹をフードプロセッサー（なければミキサー）にかけてペースト状にし、鍋に移して中火にかける。かき混ぜながら加熱し、沸騰したら弱火にして7〜8分練る。火からおろし、バットに移してさます。

淡雪かんのみりんシロップかけ

お米のリキュール、みりんも麹の仲間。無添加の本みりんを使って。

材料（20×17㎝くらいの流し缶1台分）

［淡雪かん］

A
- 豆乳……300cc
- 粉寒天……小さじ1

B
- 甘酒（ミキサーでピューレ状に）……140g
- 塩麹（すり鉢でする）……小さじ1

［みりんシロップ］

C
- 本みりん……300cc
- シナモンスティック……1本
- 干しナツメ（薄くスライス）……2個
- クコの実……10g
- しょうが（薄くスライス）……5g

作り方

1. 淡雪かんを作る。鍋にAを入れ、よく混ぜてから中火にかける。へらでかき混ぜながら加熱し、沸騰したらBを加えてさらによくかき混ぜ、ひと煮立ちしたら火を止める。流し缶に流し入れ、さめたら冷蔵庫で4時間以上冷やす。

2. みりんシロップを作る。Cを鍋に入れ、中火にかける。沸騰したら弱火にして3分ほど煮込み、アルコール分をとばす。火を止め、さめたら保存容器に移し、冷蔵庫で冷やす。

3. 冷えて固まった**1**を型から取り出し、3㎝角のさいの目に切り、器に盛る。**2**のシロップをたっぷりかけ、シロップの中のクコの実やナツメ、しょうがをトッピングする（シナモンスティックは取り除く）。

Point

＊甘酒と塩麹は、つぶつぶした舌触りが気にならなければ、ミキサーやすり鉢でピューレ状にしなくてもよい。
＊みりんは原材料が「米麹、餅米、米焼酎」のものを選ぶ。
＊みりんシロップの代わりに、P21の麹キャラメルソースをかけてもおいしい。

りんごがゆ

ふんわりやさしい癒しの味わい。風邪をひいたときもおすすめです。

材料（1人分）

りんご……¼個
水……50cc
天日塩……ひとつまみ
甘酒……大さじ2～3

作り方

1. 鍋に水と天日塩を入れておく。りんごはすりおろしながら鍋に入れる。
2. **1**に甘酒を加えて中火にかけ、混ぜながら温める（沸騰させない）。鍋肌がチリチリしてきたら火を止める。器に盛り、りんごのスライス（分量外）を添える。

Point

＊りんごの種類はなんでもよいが、酸味のある紅玉がおすすめ。
＊甘酒と水の量は好みで加減して。
＊仕上げにシナモンやしょうがの絞り汁を加えてもよい。

米粉の蒸しパン

控えめな甘さにホッと心がなごみます。具材のアレンジも楽しんで。

材料(直径6㎝のアルミカップ6個分)

米粉……80g
ベーキングパウダー……小さじ½
りんごジュース(果汁100%
ストレートタイプ、香料無添加)
……60cc
甘酒……65g
塩麹……小さじ2
なたね油……大さじ1

作り方

1. 蒸し器に水を入れて強火にかけ、沸騰させる(蒸気をたくさん出しておく)。
2. 材料をすべて混ぜ合わせ、型に分け入れ、素早く蒸し器に入れる。ぬれ布巾をかけてふたをし、強火で12分蒸す。

Point

＊好みでレーズンやくるみを生地に加えても。
＊米粉は製菓用の粒子の細かいタイプを使用すると、ふんわり仕上がる。
＊蒸し器に型を入れるときには、やけどしないように注意して。

酒まんじゅう

甘酒酵母で練った生地を蒸したまんじゅう。
フルーツあんこを詰めて。

Point

＊金属製の蒸し器を使う場合は、ふたについた水蒸気がまんじゅうに触れないように、鍋とふたの間にぬれ布巾をはさむ（竹製のせいろなら必要ない）。
＊蒸し上がってからすぐにふたを開けるとしぼんでしまうので注意。

材料（6個分）

A
- 強力粉……200g
- 甘酒酵母液（作り方P52）……約78g
- 甘酒……20g
- 天日塩……4g
- なたね油……大さじ1と½

水……小さじ2
フルーツあんこ（作り方別記）……適量

作り方

1. Aをボウルに合わせ、水を少しずつ加えながらまとめ、一次発酵終了までP52「基本のプチパン」と同じ手順で生地を作る。

2. 一次発酵終了後、生地を台に取り出し、手で押さえて中のガスを抜く。軽く打ち粉をしてスケッパーで生地を6等分して軽く丸め、ラップをかけて5〜10分休ませる。

3. 生地をもう一度手で押さえてガス抜きし、丸く平らに伸ばす（端は薄めに、中心は厚めに）。生地にフルーツあんこを約40gずつのせ、端をつまんで包む。とじ目を下にして6×6㎝のクッキングシートの上におき、ラップをふんわりかけて5〜10分ほど休ませる。

4. しっかりと湯気の立った蒸し器に**3**を入れて、ぬれ布巾をかけてふたをし、強火で12分蒸す。蒸し上がったら、ふたをしたまま3分ほど蒸らす。

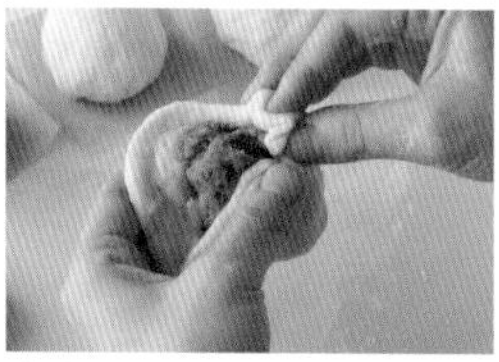

生地の真ん中を厚く、縁を薄くしてあんを入れ、端をつまんでいく。

◎フルーツあんこ

材料（約460g）

［甘酒あんこ］
P46「ココナッツしるこ」の［甘酒あんこ］と同じ材料

A
- レーズン……35g
- ドライいちじく……35g
- ドライデーツ……35g
- くるみ……35g

作り方

Aは細かく刻む。P46「ココナッツしるこ」の作り方と同様の手順で甘酒あんこを作り、Aを加えてよく混ぜる。

Breads

パン

簡単におこせる「甘酒酵母」で
本格的な天然酵母パンが手軽に作れます。
甘酒の作用でふっくら焼き上がるシンプルなパンは、
全粒粉を配合することでより味わい深い焼き上がりに。
トーストするとまた一段と香ばしいのです。

基本のプチパン

比較的短時間でおこせる「甘酒酵母液」は扱いもラク。生地を台にたたきつける必要もなし！

材料(6個分)

［パン生地］
※P54以降のパンにもこのパン生地を使う。

A
- 強力粉……180g
- 全粒粉……20g
- 甘酒酵母液（作り方別記）……約78g
- 甘酒……30g
- 天日塩……4g
- なたね油……大さじ1と½

水……小さじ2

作り方

1. ボウルにAを入れて手で混ぜ、水を少しずつ加えてまとめる(水が少なければ少し足しても)。

2. **1**の生地を台の上に取り出し、なめらかになるまで5～10分こねる。丸くまとめてボウルに入れ、ラップをかけて2～3時間ほどおく(一次発酵)〈**a**〉。

3. 生地が倍ほどの大きさにふくらんだら〈**b**〉(指で少し押さえて、押しあとがそのまま残ればよい〈**c**〉。弾力を感じたらもう少しおく) 台に取り出し、手で押さえて中のガスを抜く。軽く打ち粉をしてスケッパーで6等分して軽く丸め、ラップをかけて5～10分休ませる(ベンチタイム)〈**d**〉。

4. 生地をもう一度手で軽く押さえてガス抜きし、丸め直して形を整える。天板にクッキングシートを敷き、とじ目を下にして並べ、ラップをかけて28～32℃で50分～1時間ほどおく(二次発酵)〈**e**〉。

5. 生地が1.5倍くらいにふくらんだらキッチンばさみで数か所に切り込みを入れ〈**f**〉、霧吹きで軽く水を吹きかける。200℃に予熱したオーブンで12分焼く。焼き上がったらオーブンから取り出し、さます。

Point

＊一次発酵：環境により発酵速度は変わる。夏場なら1時間半が目安。冬場なら暖房のきいた部屋で3～4時間ほど。室温が低いときはオーブンの発酵機能を使う(28～32℃で1時間半～2時間)。二次発酵：28～32℃で約50分～1時間。
＊パン生地には塩麹を入れないこと。塩麹の酵素が強く、発酵途中でどんどん粉が分解され、ドロドロになってしまう。
＊季節によって粉の吸水率が異なるので、水の量は適宜調節して。
＊甘酒酵母液は1～2日のうちに使いきる。使いそびれた場合は、料理酒として活用。

a
生地を丸くまとめた状態。ラップをして2～3時間、一次発酵させる。

b
生地が倍になって一次発酵が完了した状態。

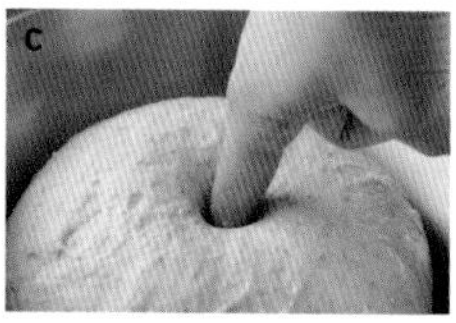

c
フィンガーテストをする。指で押さえて押しあとが残ればOK。

d
6等分した生地を丸め、ラップをかけて5～10分休ませる(ベンチタイム)。

e
生地をガス抜きして丸く整え、50分～1時間、二次発酵させる。

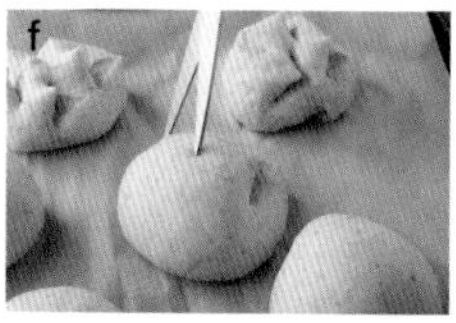

f
生地がふくれたら、焼く直前に切り込みを入れる。

◎甘酒酵母液

酵母液が発酵して泡が立ってきた状態。

材料(でき上がり約78g)

甘酒……40g
水……40cc
天然酵母
（ドライイーストタイプ）……1g

作り方

ふたつきの容器にすべての材料を入れて混ぜ、ふたを少し開けて、4～6時間ほど常温におく(泡が立って表面がブクブクしてきたら完成)。

よもぎ食パン

基本のプチパン生地をアレンジ！　よもぎの代わりにハーブを入れてもおいしい。

材料

(8×20×高さ6㎝のパウンド型1台分)

［パン生地］
　P52「基本のプチパン」と同じ材料
よもぎ粉……4g

作り方

1. パン生地の材料によもぎ粉を加え、P52「基本のプチパン」の作り方**2**(一次発酵)まで同様の手順で行う。型には薄くなたね油(分量外)を塗る。
2. 生地が倍ほどの大きさにふくらんだら台に取り出し、手で押さえて中のガスを抜く。軽く打ち粉をしてスケッパーで2等分して軽く丸め、ラップをかけて5～10分休ませる。
3. 軽く打ち粉をしながら、生地を手で平らに伸ばす。生地を端から巻き〈**a**〉、巻き終わりをつまんでとじる〈**b**〉。とじ目を下にして型に入れ〈**c**〉、ラップをかけて28～32℃で50分～1時間ほどおき、約1.5倍の大きさにふくらませる〈**d**〉。
4. 霧吹きで軽く水を吹きかけ、200℃に予熱したオーブンで20分焼く。焼き上がったらすぐオーブンから取り出し、トントンと型をたたいて台の上にひっくり返してパンを取り出す。ケーキクーラーの上でさます。

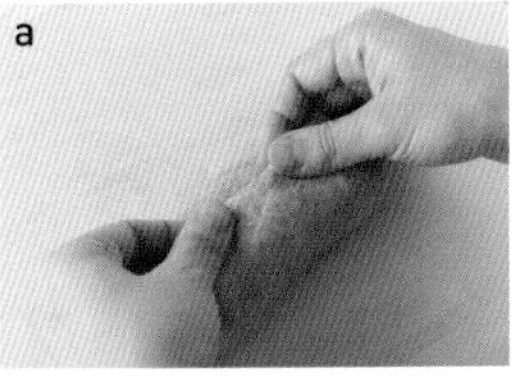

ベンチタイムが終わった生地を平らに伸ばし、端から巻く。

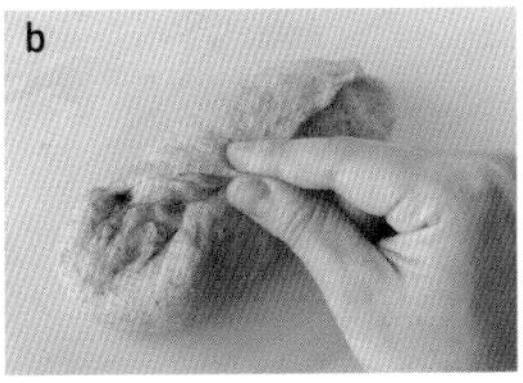

巻き終わりをつまんでとじる。

とじ目を下にして型に入れ、50分～1時間、二次発酵させる。

二次発酵が完了した状態。

Topping

桃の発酵ジャム

甘酒作り＋フルーツでできるナチュラルジャム。甘味料フリーで自然な甘さに仕上がります。

●材料(作りやすい分量)
ご飯(普通に炊く)…1合分／水…150cc／生麹…90g／桃…200g
※乾燥麹を使用する場合は水の量を200ccにする。

●作り方
1. 桃は皮をむき、細かく刻む。
2. 炊きたてのご飯にP10「甘酒」と同じ手順で水と麹を混ぜる。**1**を加えてよく混ぜ、炊飯器にセットする。
3. 甘酒と同じ要領で10時間ほど保温する。十分な甘さになったら釜から取り出し、さめたら保存容器に入れて冷蔵または冷凍保存する。

＊発酵ジャムは冷蔵保存中も、フルーツの作用で数日たつと酵母発酵してブクブクしてくる。その場合はジャムとして食べるより、ヨーグルトソースやドリンクとして活用するとよい。
＊鍋で煮て発酵を止めれば、ジャムとして冷蔵庫で2週間くらい保存可能(雑菌に注意)。非加熱でも冷凍すればジャムとして長期保存が可能。
＊桃のほかに、いちご、ゴールドキウイ、りんごがおすすめ。

シナモンロール

目にも楽しい菓子パン。ほどよい甘さのシナモンペーストをたっぷり巻き込みます。

材料（6個分）

［パン生地］

P 52「基本のプチパン」と同じ材料

［シナモンペースト］

B
- 甘酒……40g
- くるみ（細かく刻む）……30g
- シナモンパウダー……小さじ1
- てん菜糖……25g
- なたね油……小さじ1

作り方

1. パン生地を作る。P52「基本のプチパン」の作り方 **2**（一次発酵）まで同様の手順で行う。生地が倍ほどの大きさにふくらんだら台に取り出し、手で押さえて中のガスを抜く。もう一度生地を軽くまとめ、ラップをかけて5〜10分休ませる。Bを合わせてシナモンペーストを作る。

2. もう一度ガス抜きをし、生地を四角く整える。軽く打ち粉をし、めん棒で約18×18cmの四角形に伸ばし〈**a**〉、上にBをまんべんなく塗る（巻き終わり3cmは塗らずに残す）〈**b**〉。

3. 生地を端から巻き、巻き終わりは水を少し塗ってとじる〈**c**〉。巻き終わりを下にして包丁で6等分する。天板にクッキングシートを敷き、切り口を上にして並べ〈**d**〉、ラップをかけて28〜32℃で50分〜1時間ほどおき、約1.5倍にふくらませる〈**e**〉。

4. 霧吹きで軽く水を吹きかけ、200℃に予熱したオーブンで12分焼く。焼き上がったらオーブンから取り出し、さます。

a

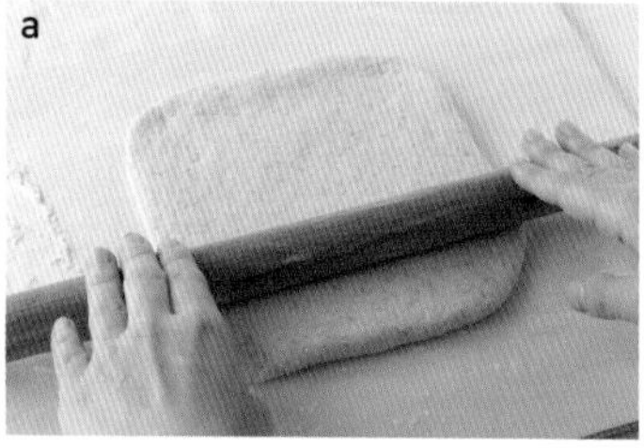

ベンチタイムが終わった生地をめん棒で約18×18cmの四角形に伸ばす。

b

上部3cmを残してシナモンペーストをまんべんなく塗る。

c

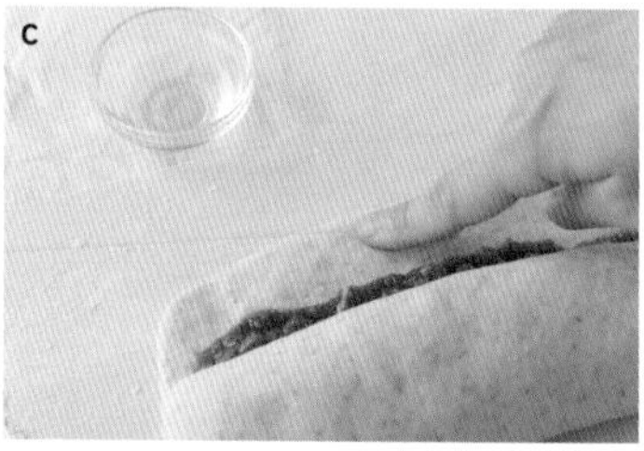

生地を端から巻き、巻き終わりは水を少し塗ってとじる。

d

包丁で6等分して、ラップをかけて50分〜1時間、二次発酵させる。

e

二次発酵でふくらんだ状態。

ベーグル

「かためにこねて、二次発酵は短めに」がベーグル作りのコツ！

材料（4個分）

A
- 強力粉……180g
- 全粒粉……20g
- 甘酒酵母液（作り方P52）……78g
- 甘酒……20g
- 天日塩……4g
- なたね油……小さじ1

水……小さじ2

作り方

1. Aを合わせ、水を加えながら、P52「基本のプチパン」の作り方**2**（一次発酵）まで同様の手順で行う。生地が倍ほどの大きさにふくらんだら台に取り出し、軽く打ち粉をしてスケッパーで4等分して軽く丸め、ラップをかけて5～10分休ませる。
2. 軽く打ち粉をして手で転がしながら15㎝の長さに伸ばす〈**a**〉。一方の端は2～3㎝ほど平らに伸ばしてもう一方の端にのせ、リング状にする〈**b**〉。とじ目を下にして並べ、ラップをかけて28～32℃で20～30分ほどおく〈**c**〉。
3. 鍋に湯を沸かし、**2**の生地を入れる〈**d**〉。でき上がりが表になるほうから1分、裏返して1分ゆでて、しっかり湯きりする。クッキングシートを敷いた天板に並べ、200℃に予熱したオーブンで15分焼く。焼き上がったらすぐに取り出し、さます。

Point

＊ベーグルの場合、二次発酵は短めに。通常のパンほどふくらませなくてよい。
＊ベーグルはゆでても型くずれしないように、基本のパン生地よりもかためにこね上げる。

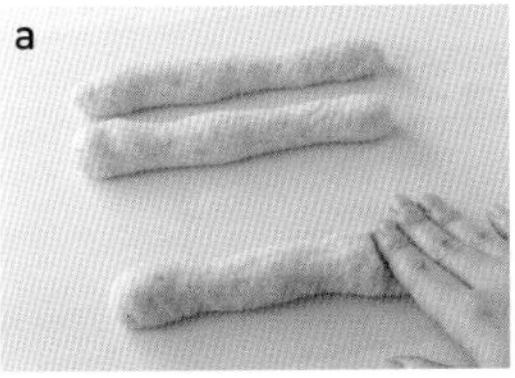
a
ベンチタイムが終わった生地を15㎝に伸ばし、一方の端を平らにする。

b
平らにした端をもう片方を包み込むようにしてリング状につなぎ合わせる。

c
リング状にした状態。ラップをして20～30分ほどおく。

d
生地を熱湯に入れ、両面を1分ずつゆでる。

Topping

塩麹オイル

塩麹とオイルを混ぜるだけでリッチなソースになります。パンにディップして。

●材料（作りやすい分量）
塩麹…大さじ1／エキストラバージンオリーブオイル…大さじ1½

●作り方
塩麹とオリーブオイルをすり鉢でよくすり混ぜる。

しそ風味
大葉5枚をすり鉢ですりつぶし、塩麹、オリーブオイルを加えてよくすり混ぜる。

ガーリック&チリ味
おろしにんにくと小口切りの赤唐辛子を好みの量加える。

＊パンにつけて食べる以外に、パスタソースや野菜のディップにも。
＊オリーブオイルをアーモンドオイルやごま油などに変えると、いろいろな風味が楽しめる。

写真奥：プレーン味、手前左：しそ風味、手前右：ガーリック&チリ味

Drink&Ice Cream

ドリンク&アイス

もっともダイレクトに麹パワーをいただける簡単活用法。
食欲のない朝、とことん疲れたとき、毎日の健康管理にきっと力になってくれます。

甘酒豆乳

午前中の活力源に。時間のない朝でもこれは欠かせません！

Arrangement

モカ味
穀物コーヒー大さじ1を加える。

抹茶味
抹茶小さじ1を加える。

材料(約2杯分)

甘酒……120g
豆乳(お好みで加減)……100cc
塩麹……小さじ½弱

作り方

保存容器にすべての材料を入れ、ふたを閉めてよくふり混ぜる。

Point

*豆乳の代わりに牛乳、緑茶、ほうじ茶、炭酸水、レモン水などで割っても。
*ひと晩冷蔵庫におくと、まろやかな甘みが増す。

緑茶チャイ

肌寒くなってくると、恋しくなるのはこんなほのぼのあったかドリンク。

材料（約3杯分）

緑茶パウダー……小さじ1
甘酒……100g
豆乳……200cc
塩麹……小さじ½
水……100cc

作り方

1. 水以外の材料をすべて合わせてミキサーにかけ、なめらかにする。
2. **1**を鍋に入れ、水を加えて中火にかける。かき混ぜながら加熱し、鍋肌がフツフツしてきたら火からおろす。

Point

＊水の量は好みで加減して。少ないと濃厚に、分量分すべて入れるとさっぱり味に仕上がる。

フルーツシェイク（いちご味・バナナ＆レモン味）

麹パワーが体じゅうにしみ渡る、さっぱり飲みやすい健康シェイク。

［いちご味］

材料（約2杯分）

いちご（熟れたもの）……100g
甘酒……80g
豆乳（または水）……150cc
塩麹（好みで）……小さじ½

作り方

すべての材料を合わせてミキサーにかける。

Point

＊いちごの代わりにゴールドキウイ、桃、メロン、かんきつ類などを入れても。よく熟れたものを使って。
＊豆乳を使えばまったりタイプ、水を使えばさっぱりタイプに仕上がる。

［バナナ＆レモン味］

材料（約2杯分）

バナナ（熟れたもの）……1本
レモン汁……大さじ1
甘酒……80g
豆乳（または水）……200cc
塩麹（好みで）……小さじ½

作り方

1. バナナは皮をむいて1㎝厚さの輪切りにし、色止にレモン汁であえる。
2. **1**と残りの材料を合わせてミキサーにかける。

Arrangement

甘酒味

甘酒大さじ5〜6、水大さじ2〜3を加えてミキサーにかけると口あたりのよい甘いドリンクになる。甘酒の代わりにはちみつやメープルシロップ大さじ2〜3を加えてもおいしい。

バナナヨーグルト風

バナナの輪切りに麹ラッシーをあえる。

麹ラッシー

豆乳と塩麹でヨーグルト!?　これぞ麹マジックです。

材料(約2杯分)

豆乳……200cc
塩麹……小さじ1弱
クエン酸……小さじ¼
（なければレモン汁大さじ1〜2）

作り方

すべての材料を合わせてミキサーにかける。

アイスクリーム　(抹茶味・ココナッツ味)

お米の恵みのアイスクリーム。なめらかでまったりとした食感です。

[抹茶味]

材料(約5人分)

抹茶パウダー……小さじ1
甘酒……400g
豆乳……60cc
なたね油……大さじ1と½

作り方

すべての材料をミキサーにかけ、保存容器に流し入れて冷凍庫で冷やし固める。

Point

＊抹茶を加えなければプレーン味に。

[ココナッツ味]

材料(約5人分)

ココナッツミルク……65cc
甘酒……400g

作り方

すべての材料をミキサーにかけ、保存容器に流し入れて冷凍庫で冷やし固める。

フルーツのソルベ　(パイナップル味・グレープフルーツ味)

さらりとした甘さ、さわやかなのどごし、あと味さっぱり！

[パイナップル味]

材料(約5人分)

カットパイナップル……200g
甘酒……200g

作り方

1. すべての材料をミキサーにかけ、ピューレ状にする。
2. 保存容器に流し入れ、冷凍庫で冷やし固める。食べるときは好みの大きさにカットする。

Point

＊フルーツは桃、いちごなど好みのものを使っても。

[グレープフルーツ味]

材料(約5人分)

ピンクグレープフルーツ……1個
甘酒……グレープフルーツの正味量と同重量

作り方

1. グレープフルーツは薄皮をむき、甘酒とともにミキサーにかけ、ピューレ状にする。
2. 保存容器に流し入れ、冷凍庫で冷やし固める。食べるときは好みの大きさにカットする。

著者　小《こ》紺《こん》 有《ゆ》花《か》

元祖麹料理研究家。
合同会社Felix oris代表。
WSET Level3、J.S.Aソムリエ、
J.S.Aワインエキスパート、
J.S.A SAKE DIPLOMA
SSI唎酒師

大阪生まれ。石川県在住。
金沢美術工芸大学卒業。
2003年頃より家族の健康のために麹を料理に取り入れだし、その醸し出す美味しさに魅せられ独学で研究を始める。2012年NHK「あさイチ」出演により麹ブームが巻き起こる。
発酵食文化の素晴らしさを伝えるために、料理教室、講演会、商品開発、飲食店プロデュース、ワイン講座、日本酒講座など様々な活動を行っている。麹の発酵調味料を巧みに使った「簡単！　手軽！　とびきり美味しい！　レシピ」が大人気。ご家庭の食卓力向上に役立つ食と健康の情報を日々精力的に発信し続けている。

Instagram　@yuka.kokon.koji
YouTube　小紺有花の醸し塾【幸せ麹レシピ】
HP　kamoshikokon.com

＊本書は2011年11月に小社より刊行いたしました、同タイトルの新装版です。

本書で紹介したおすすめの
麹、塩麹、甘酒が買える店

● **髙木糀商店**
電話：076-252-7461（9:00～19:00）
FAX：076-251-5501
HP：https://takagikouji.com/
〒920-0831　石川県金沢市東山1-9-3
＊ネット通販あり

● **株式会社ヤマト醤油味噌**
電話：076-268-1248　FAX：076-268-1242
HP：https://www.yamato-soysauce-miso.co.jp/
〒920-0331　石川県金沢市大野町4丁目イ170
＊ネット通販あり

● **ヤマク食品株式会社**
電話：088-692-2421　FAX：088-692-5622
HP：https://www.yamaku.co.jp/
〒771-1298　徳島県板野郡藍住町奥野字乾170-1
＊ネット通販あり

Staff

撮影
山本ひろこ

ブックデザイン
釜内由紀江　井上大輔（GRID）

撮影協力
髙木糀商店
鰯組
嵐敦子　小鍛治光子

レシピ編集協力
坂本典子　佐藤由香
堀井明日香（シェルト＊ゴ）

編集制作
早草れい子（Corfu企画）

卵、乳製品、白砂糖なし。
塩麹＆甘酒で作る、
麹のおいしいスイーツレシピ

2011年11月30日　初版発行
2024年　3月20日　新装版初版印刷
2024年　3月30日　新装版初版発行

著　者　小紺有花
発行者　小野寺優
発行所　株式会社河出書房新社
〒151-0051
東京都渋谷区千駄ヶ谷2-32-2
電話　03-3404-1201（営業）
　　　03-3404-8611（編集）
https://www.kawade.co.jp/

印刷・製本　図書印刷株式会社

Printed in Japan
ISBN978-4-309-29401-8

本書の内容に関するお問い合わせは、お手紙かメール（jitsuyou @ kawade.co.jp）にて承ります。恐縮ですが、お電話でのお問い合わせはご遠慮くださいますようお願いいたします。